KHALED SHOMALI

Die Wolken fliegen nach Jerusalem

Gedichte von Heimat und Exil

KHALED SHOMALI

Die Wolken fliegen nach Jerusalem

Gedichte von Heimat und Exil

2019

Verlag: BoD – Books on Demand

Bibliografische Information der Deutschen Nationalbibliothek:
Die Deutsche Nationalbibliothek verzeichnet diese Publikation in der
Deutschen Nationalbibliografie; detaillierte bibliografische Daten sind im
Internet über http://dnb.dnb.de abrufbar.

Herstellung und Verlag: BoD – Books on Demand, Norderstedt

Gedichte auf Arabisch von Khaled Shomali
Übersetzung aus dem Arabischen von Khaled Shomali
Lektorat: Marianne Merbeck-Khouri, Osama Khouri, Kurt Stremmel-Kray,
Khaled Shomali

Titelbild: Hafiz Kassis
Umschlaggestaltung: Khaled Shomali

ISBN: 9783749453443

Vorwort

Die Gedichte wurden vom Autor selbst ins Deutsche übersetzt. Dem Lektorat gehörten Marianne Merbeck-Khouri, Osama Khouri, Kurt Stremmel-Kray und der Autor an. Nur durch die intensive Zusammenarbeit konnte der vorliegende Gedichtband in dieser Form erscheinen. Mein besonderer Dank gilt den Mitgliedern des Lektorats.

Khaled Shomali
Brühl, den 01.11.2019

Alles

Alles was ich will
Liegt in der Ferne.

Die Antwort des Gedichtes

Die Antwort des Gedichtes ist unvollendet
Was soll ich ihm sagen wenn er fragt

Mein Vater wann geht die Besatzung zu Ende
Eine drängende Frage seit ewig und für immer

Ich habe Sehnsucht nach dem Brunnen unseres Hauses
Nach der Poesie und den alten Liedern

Als spiele die Sehnsucht auf den Saiten des Herzens
einen kaum zu ertragenden Klang

Immer wenn ich versuche die Melodie zu verändern
scheitere ich

Die Jahre vergehen
Und der Schlüssel* schwebt uns als Traum vor den Augen

Wir werden nach Palästina zurückkehren
Das Licht der Hoffnung weist uns den Weg.

*Schlüssel: Viele der vertriebenen Palästinenser bewahren immer
noch den Schlüssel ihrer Häuser in Palästina - ein Zeichen des
Verlangens der Vertriebenen und Geflüchteten nach Rückkehr in
ihre Heimat.

8

Parallel

Parallel du und ich
Umarmung ist nicht möglich

Parallel du und ich
Trennung ist unmöglich.

Ich will keine Exilgedichte

Als sei die Geschichte umfangreicher als zwei Bücher
und kürzer als ein Vers
Sie träumen und schlafen nicht ein.
*

Er gießt Liebe in ihren Tee
Sie schlürft seinen Zucker
Wie das Mundstück der Flöte die Melodie.
*

Als wehe die Brise die Hälfte der Buchstaben um
Und als sei das Haus der Poesie konturlos
Es gibt darin nichts zu stehlen
Als das Bett der Depression.
*

Er ist eifersüchtig auf das Meer
Wenn es sie benetzt
Und wenn die Meeresbrise sie küsst
Auf ein Liebesgedicht wenn es sie bekränzt
Und auf die Sonne ist er eifersüchtig
Weil sie ihren Schatten mit ihm teilt.
*

Sie ist eine Frau wie ein Engel
Eine Meerjungfrau aus Fantasie

Ihre Prophezeiung ist wie ein Traum
Kurz vor der Vollendung

Ihre Gedichte sind wie der Abend
Tausend Möglichkeiten verbergend

Ihre Finger sind Nektar
Und sie besänftigen den Fels der Berge

Eine Frau wie der Himmel
Sie zufriedenzustellen ist sehr schwer.
*

Weil du den Juwelen meiner Mutter nicht ähnelst
Und weil du kein Engel bist
Weil du anders bist als die anderen ... und anders als
ich
Und weil du mir aus den Erinnerungen kein Netz
knüpfst
Dafür und für alles
Liebe ich dich.
*

11

Ich werde nicht vorübergehend deine Geliebte sein
Ich bin keine Liebesgeschichte für einen Sommer
Und auch kein Gedicht das du Buchstaben für
Buchstaben verzierst wie es dir gefällt
Ich bin nicht eine deiner Puppen die du an Fäden
bewegst
Und sobald du etwas siehst was deine Neugier weckt
Überlässt du mich schutzlos den Wölfen der Nacktheit
Ich bin nicht eine deiner Sklavinnen
Dass du mich mit deinem Gürtel fesselst
Der Glanz meiner Sterne wird im Brunnen deiner
Dunkelheit nicht verblassen!

Nein
Ich werde nicht dein zehntes Opfer sein.
*

Wenn du einen Krieg entfesseln willst
Dann sag insgeheim
Ich liebe dich nicht
Und wenn du ein Herz zum Nachdenken bringen willst
Dann sag deutlich
Ich liebe dich.
*

Ich neige mich zu dir ohne mich zu verbiegen.
*

Vielleicht fliegen wir nicht weit
Aber wir fallen nicht
Wenn wir zusammen bleiben
Dann schwindet vielleicht der Schmerz.
*

Weil mein Mund dich begehrt
Weil mein Blut bereit ist sich für dich zu opfern
Weil ich dich nicht umarmen kann
Und weil ich mich nicht trennen kann
Sei mir Freundin im Augenblick der Begegnung
Und sei Mitfühlende im Augenblick des Abschieds
Und sei der Garten meiner Rosen und meiner
Zuneigung
Damit ich aufblühe im Gedicht und im Duft
Ich werde noch bezaubernder wenn du mein Leben
einatmest
Nimm mich zu dir pflücke mich
Lass mich in deinem Herzen einschlummern.
*

Ich werde mein Herz unter sein Kopfkissen legen
Und dann gehen.
*

Ich werde nach einer Welt suchen
In der man nicht seinen Bruder umbringt
Und danach sagt
Man habe es für Gott getan.
*

Wohin gehst du in der pechschwarzen Nacht
Der volle Mond wurde begraben
Und die Wege hin zu dem was du liebst sind sehr
dornig
Und hinter dem Nebel zerreißen die Wölfe mit ihren
messerscharfen Zähnen den Traum der Sterne.
*

Ich sorge mich um dich
Wenn du das Tanzen übertreibst
Der Wind könnte die Brücke zur Liebe zerstören
Bevor der Schmetterling kommt
Um in deinen Händen auf und ab zu flattern.
*

Ich habe Angst um dich
Vor dem Morgen und dem Verrat
Und davor dass der Wind den Duft aus deinen Lippen
stiehlt.
*

Wenn du mich anschaust werde ich sofort erkennen
Ob ich kurz vor dem Sieg oder am Rande des
Abgrunds stehe.
*

Ich bitte nicht um Verzeihung
Weil ich dich liebe oder dich nicht liebe
Sondern es ist das Schicksal das verhindert
Dass ich dich so liebe wie es sein sollte
Und wie es deinem Herzen gebührt.
*

Ich will keine Exilgedichte
Aber ich wünsche mir einen Vers
In dem ich wohne.
*

Wissen die Dichter nicht dass das Leben der
Ursprung
Und der Tod nur eine Form ist
Ein Komma zwischen zwei Leben
Einem hier mit denjenigen die wir vielleicht lieben
Und einem dort ohne Grenzen für Raum und Zeit
Mit grauen Gesichtern ohne Konturen
Warum denn besingt ihr Dichter den Tod
Und vergesst was noch schöner ist als ein Augenblick
und ewig währt.
*

Ich will einen Vers in Metaphern
um meine schlechte Stimmung auszugleichen.
*

Aus unseren Gedichten wird kein Brot gebacken
Aber sie können die Herzen erwärmen
Ich fülle mein Herz mit dem Zauber des Lebens
Und lausche dem Gesang der Vögel.
*

Gib mir mein Herz zurück
Und nimm was du begehrst
Aus den Liedern und dem Nektar der Poesie.
*

Ich entferne mich von mir
Um dich zu vergessen.
*

Ich leuchte dir auf dem Weg
So geh
Und wenn du willst komm zurück
Ich warte auf dich.
*

Wenn du zur Nacht sagst: Nein unmöglich
Bleibt dem vollen Mond nur der Rücktritt.
*

Sie ruht bis die Sonne ihre Tränen trocknet.

*

Als seine Freundin ihn küsste
Und er merkte es nicht
Fragte ihn der Schmetterling: Was willst du
Er antwortete: Ich will nur was ich will
Dann sagte der Schmetterling: Wann willst du Liebste
Und sagte Adieu und flog davon
Er rief: Wann kommst du zurück
Und er hörte nicht auf zu rufen
Das Echo antwortete: Vielleicht kommt er zurück
Vielleicht nicht.

*

Sie wird dich vergessen mein Kind
Du wirst dich an sie erinnern
Wenn sie dich übermorgen vergisst
Und du wirst dich an sie erinnern
Wenn die Tränen für immer deine Augen bewohnen

Du wirst dich an sie erinnern
Im Himmel und unter der Erde
Du wirst dich an sie erinnern
Wenn die Seele sich im Körper verliert.

*

17

Als sei ich der Einzige der an der Erinnerung festhält
Als sei ich der Einzige der das Spiel des Schwertes in
der Lende nicht beherrscht
Als sei ich der Einzige der den noch immer wachen
Stern nicht umarmen will.
*

Ich weiß dass du schöner bist als die Rosen
Strahlender als der volle Mond
Köstlicher als Nektar
Ich weiß dass ich sterbe wenn ich fortgehe
Denn wie sollen die Rosen ohne Wasser leben
Und ich weiß dass ich mich an der Liebe und der
Entfernung verbrennen werde.
*

Im entscheidenden Augenblick
Wenn uns der Boden unter den Füßen fortgezogen
Und die Luft über uns beschlagnahmt wird
Dann wird eine Heldin aus Nebel zu dir kommen
In ihrer Hand leuchtet der Mond der Liebe und die
Tränen fließen
Dann wirst du sehen wen du liebst
Und von demjenigen den du liebst mein Sohn wird
dich der entscheidende Schlag treffen.
*

18

Und ich weiß dass das Leben ohne dich nicht stehen
bleibt
Aber die Lebensfreude wird nicht zurückkehren.
*

Die Wellen sind mein letzter Herzschlag
Und das Meer sagt: Ich liebe dich

Oh du meine Brust was wird der Gefangene sagen
Wenn er bemerkt dass sein Herz davonfliegt.
*

Oh du Vogel könntest du doch eine Weile auf dem
Zweig meines Herzens rasten
Um herauszufinden was der Wind gestohlen hat
Aus den Federn unter den Schwingen
Und was die Geliebte und die Ungeliebte in unser
beider kleinen Körpern zurückgelassen haben

In einem Augenblick in dem der Gedanke seine Idee
nicht versteht
Wenn der Kater sich in der Jahreszeit der Verrückten
auf dein zerbrechliches Nest stürzt
Leuchtet in seinen Krallen der Glanz der Speere

Nimm dir Zeit
Vielleicht kann ich mit Salz Licht und Poesie manche
Verletzungen salben

Oh du Vogel

Wird sich in der Zeit des Todes das Lied des Lebens
erneuern

Und die Morgensonne aufgehen?

*

Auf der Nachtseite tanzt der Stern des Gedichtes

Und ihr Lächeln spielt das Lied in Harmonie mit dem
Pulsschlag des Herzens

Wir kreisen Hand in Hand um den Marmor der Worte

Unsere Gedichte hängen am Himmel

Um uns herum schwirren Sternschnuppen

Wir staunen über die Entdeckung des neuen Kosmos.

*

Manche Gedichte enthalten eine große Tiefe die
Nachdenken verdient.

*

Wie sollen die Vögel der Liebe sich in deinem Herzen
niederlassen

Wenn es darin keine Rosen und keinen Nektar gibt.

*

Wenn du das Zwitschern der Vögel magst

Dann pflanze Bäume für sie.

*

Nur fünf Minuten lang habe ich den Schmetterling
beobachtet
Er durchwühlte alles und kümmerte sich nicht um
mich.
*

Der Schmetterling lebt zwanzig Tage
Und pflanzt in uns den Zauber
Und du lebst achtzig Jahre
Und hinterlässt nur Leid und Trauer.
*

Die Fragen werde ich neu gestalten
Damit die Antworten „ja" lauten.
*

Ich nehme nicht teil am Wettlauf zum Gewinnen von
Sternen
Denn die Sonne geht in meinem Herzen auf.
*

Weil ich der Einzige bin
Der dir auf dem Weg in der pechschwarzen Nacht
leuchtet
Werde ich nicht wiederholen was die anderen sagten
und was den vollen Mond in einer verträumten Nacht
begeistert.
*

21

Ich schäme mich wenn eine Welle ihr Pulsieren
verlangsamt
Um am Felsen der Furcht an meinem Strand zu
vergehen

Und ich schäme mich wenn ein Glücksgefühl den
Weg verfehlt
Und sich auf der klingenden Saite der Trauer in
meinem Inneren niederlässt.
*

Ich habe mich beherrscht um nicht zu sagen: Ich liebe
dich.
*

Verzeih mir wenn ich schweige
Denn alles was von der Antike bis zur Moderne
gesagt wurde
Ist deiner Erhabenheit nicht würdig
Denn beim Wiederkäuen der Worte vergeht ihr
Zauber.
*

Wenn ich nicht dich liebe wen sonst soll ich lieben?
*

Hier tobt die Liebe
Und am anderen Ufer wohnt der Stolz.
*

Die Gesichter der Menschen sind aus Eis
Die Eisschichten schmelzen und wandeln sich wieder
in Wasser
Wenn die Wärme einer neuen Liebe ihre Herzen
stürmt.
*

Am anderen Ufer wartet der Geliebte
Und im Boot der Liebe ist mein Herz
Ein Strauß aus Sternen und der volle Mond.
*

Auf dem Boot der Liebe lasse ich mein Herz zurück
Damit es alle Meere durchquert
Und zu dir kommt.
*

Ich werde meinen Körper verlassen um sie zu küssen
Dann schlafe ich ein und träume von dem
Undenkbaren.
*

Ich kleide mich in mein schönstes Gewand
Um in all meiner Herrlichkeit zu ihr zu kommen.
*

Morgen treffen wir zusammen und die Grenzen
unserer Finger lösen sich auf.
*

23

Ich werde einige Minuten lang nicht auf mein Herz
hören
Um im vollen Bewusstsein zu sagen dass ich dich bis
zum Irresein liebe.
*

Nach der Betäubung ...
Als die vielen Gesichter verblassten
Und die Todesgrenze zwischen uns verschwand
Als ich das Bewusstsein verlor
Warst du die Einzige die da war und die Poren meiner
Haut mit dem Duft des Lebens füllte.
*

Als sähe ich in deinem Land meinen Fluss
Und alles was ich in meinem Leben begehre

Der Hafen meiner Seele liegt in deinen Armen
Und für meine Poesie und für mein Meer bist du der
Strand.
*

An der Mauer der Erinnerungen wuchs ein Bild aus
Sehnsucht und Rosen.
*

Liebste
Wenn du die Sterne zählst
Erinnere dich dass du mein einziger Mond bist

Und wenn du über den Wolken fliegst
Bleibe ich dir treu bis du zurückkommst.
*

Ich liebe dich so wie du bist
Vollständig wie Wünsche
Und verträumt wie ein Gedicht

Verwurzelt in meiner Ader
Und leicht wie eine Feder.

Dilemma

Weder beherrschst du die Kriegskunst
Noch wollen sie Frieden schließen.

Gerechtigkeit

Ganz gleich wie unterschiedlich ihr seid
Gerechtigkeit bleibt meine Richtung
Denn Rosen und Dornen gelten dem Regen gleich

Wo ist die Wahrheit
Ich sehe niemanden der nicht riefe
Töte

Ich suchte euch
Doch die Blumen waren nicht wiederzuerkennen
Außer meinem Gedicht blieb nichts in der
Waagschale
Das uralte Zweistromland führte uns in Liebe
zusammen
Von ihm blieb nichts
Als eine zerstückelte Heimat
Sie haben nicht gehört
Sie haben die drohenden Gefahren nicht gesehen
Als geschähe alles unter Tauben und Blinden.

Das Haus weint

Instabil
Beunruhigend
Und erstickt
Erschöpft ist meine Heimat
Und sie brennt

In unseren Hauptstädten ist die Verunsicherung groß
Teile und herrsche
Der Streit ist künstlich

Oh du Lüge dieser Epoche du langweilst den Zuhörer
Wie oft versprachen sie etwas zu tun
Aber sie waren nicht ehrlich.
*

Den Zustand meiner Heimat zu sehen verdunkelt mir
den Blick
Das Haus weint über das Leid der Steine

Manche Tragödien sind vom Schicksal verursacht
Doch deine Tragödien sind von Menschen gemacht.
*

Meine Herrin ...
Erschöpft bin ich
Müde

Mein Land wurde gestohlen und es trauert

Ich habe eine Heimat die mir nicht aus dem Sinn geht
Ich lebe in ihr
Und sie lebt in mir in der Verbannung.
*

Du bist so geblieben wie in den Büchern über dich
geschrieben wurde
Eine Legende und deine Erde ist Gold

Oh mein Land morgen werden wir dich treffen
In unserem Jerusalem in Hebron und im Negev

Die Besatzung wird sich geschlagen zurückziehen
Nie werden die Wolken die Sonne verdecken.
*

Sag mir mein Freund wie soll ich lächeln
Denn das Herz weint zerrissen vom Schmerz

Mein Gedicht ist in Trauer gekleidet
Und aus meinen Buchstaben fällt der Traum herab.
*

Wenn du oh Mensch nach dem Paradies suchst
Beginnt der Aufstieg zum Himmel in Jerusalem.
*

Ich bin nicht gekommen um dich um Trost zu bitten
Sondern ich kam weil das Feuer mich verbrennt

Verzeih mir meine Worte
Wenn sie müde klingen
Vom Gift der Schlangen ist mein Körper zerstört

Oh ihr die ihr den Tod des Unschuldigen verschuldet
habt
Kommt nicht ihr Gespenster zu meiner Beerdigung.
*

Oh du Nation die du die Lehren nicht begreifst
Du kriechst auf den Tod zu und übersiehst die
Gefahren

Verrät das Schicksal meine Heimat
Oder ist sie gezwungen Selbstmord zu begehen

Ganz gleich wie weit die Dunkelheit der
Ungerechtigkeit sich ausbreitet
Der Morgen wird unweigerlich zurückkehren und
siegen.
*

Den Traum deiner Wünsche hat der Wolf schon
zerfetzt
Und der Schwertträger hat den Tau niedergemetzelt

Du bist ein Land das aufrecht stirbt
Der Kopf ist schon abgeschlagen
Und der Puls regungslos

Die Dunkelheit hat in dir gewütet
Liebeswolken erhoben sich um den Durst zu löschen.
*

Für Wünsche und Küsse bleibt keine Zeit
Denn uns ereilt der Tod

Die Kugel des Verrats ehrt den Knaben
Und die Verräter des Taues sind zum Scheitern
verurteilt

Ihr werdet den Geist und den Stolz in uns nicht töten
Denn in unseren Händen tragen wir die Fackel der
Hoffnung.
*

31

Tränen rinnen über die Wangen
Und die Mutter wartet an der Grenze

Im Herzen brennt die Sehnsucht
Nach ihr auch wenn die Reise noch lange dauert

Glänzend und den Sternen folgend
Leuchtet der Mond aus den Augen des Knaben.
*

Immer wenn er schläft kommt ihm der Traum
Dass mitten in Jerusalem die Fahne weht

Sobald er erwacht zerreißt ihn der Schmerz
Und er vergießt Tränen wie meine Feder.
*

Weine nicht bei meinem Begräbnis
Mir ist die Traurigkeit des Herzens genug

Auf deinen Schwingen fliege ich
Trage mich zu meinem Palästina.

Der Text schreibt sich selbst

Der Text wird nackt geboren
Ohne die Last der Erinnerungen
Der Text schreibt sich selbst
Frei von allem
Die Worte haben keine Angst vor einer
Zurechtweisung der Sprache
Hier ist die Weite des Meeres im Körper der Palmen
Integration von Dimensionen ...
Ein Ritter auf dem Rücken des Rosses
Eine schwangere Stadt namens Meinungsfreiheit
Ein Versuch dessen Umhang bestickt ist mit Unschuld
Und der gelingt oder sein Ziel verfehlt

Sie sagten:
Er kann sich bewähren oder nicht
Wie das Gedicht im Buch des Vergessens schläft
Und träumt dass ein Lächeln eines Lesers oder
Dichters es küsst
Oder die Gabel der Kritiker

Seine Reise hat kein Ziel das es tadelt wenn der
Ausflug lange dauert
Er wendet sich mit dem Weg
Hier ruhte das Alphabet auf den Lippen einer
Liebende
Um den Aprikosen-Reim zu schlürfen ...
Er küsste sie und nahm Abschied von ihr
Und verlor sich im Rätsel der Metapher
Dort streichelt er Frauen
die sich nicht darum kümmern was in den Köpfen der
Jugendlichen schwebt
Der Fluss der Liebe schwemmt den Zweifel fort der in
den Falten des Landes zurückgeblieben ist
Das Gedicht kann unschuldig sein
Dann lebt es ewig in Vergessenheit
Oder es ist mutig und wird tückisch umgebracht.

Die Wolken fliegen nach Jerusalem

Zusammen gehen wir die Wendeltreppe hinauf
Zur Terrasse des Traums
Um die Wolken zu besteigen
Und unsere angenehme Reise zu beginnen.

Die Wolken fliegen
Und schauen auf unseren Pavillon
Der erfüllt ist von Nektar und vom Duft der
Erinnerungen
Hier schwebt über dem seidenen Bett das Lächeln
Bestickt mit den Worten des Lebens
Unsere Geheimnisse flattern durch die Luft
Wir schlagen sie Seite für Seite auf
Dann setzen wir unsere Reise mit taufeuchten Augen
fort.

Die Wolken wenden sich zur Levante
Wo wie man sagt
Die Wahrheit süßer ist als die Wünsche
Und Worte leichter sind als Straußenfedern
zarter und köstlicher als Süßigkeiten
Und der Vers eines Gedichtes präziser gewebt ist als
ein Spinnennetz

35

Die Meeresbrise reißt Felsbrocken herab und besiegt
sie
Das Echo der Nay* tanzt um uns
Und pocht an unsere Brust
Der Duft des Jasmins kitzelt die Nasen der Rosen
Und öffnet ein Fenster zur Fantasie
Wir besuchen Nizar* den Eleganten den Aufrichtigen
Er küsst jeden einzelnen von uns
Und streut uns den Zucker der Dichtung in den Tee
So wird der Abend schöner
Die Wolken steigen auf
Und setzen ihre schöpferische Reise fort.

Die Wolken fliegen in die Welt des Orients
Um Sehnsucht und Entfremdung zu löschen
Sie umarmen Haifa
Geben Balsam auf die Wunde von Galiläa
Streicheln eine Weintraube in Hebron
Sie erreichen Bethlehem und seine großherzigen
Bewohner
Sie beleuchten die Bäume der Liebe auf dem
Krippenplatz

Die Wolken fliegen nach Jerusalem
Wo die Minarette rufen
Wo die Kirchen weinen dahin fliegen die Wolken
Sie wischen den Staub von den Büchern der
Propheten
Der Wind treibt sie nach Süden
Sie winken den geduldig unter Belagerung und
Zerstörung Ausharrenden in Gaza zu

Wir hören die Stimmen der Kinder wie sie rufen
Seid bereit wenn einer euch erbarmungslos angreift

Das Stöhnen eines Kindes trifft uns wie der Hieb einer
Faust
Es sucht unter den Steinen nach seiner Mutter die es
stillt
Die Wolken fliegen weiter und setzen ihre
schreckensvolle Reise fort.

Die Wolken sehnen sich nach Ägypten
Sie überqueren die Wüste Sinai
Wir sehen in den Händen der Märtyrer leuchtende
Lampen
In der Form von Herzen
Ein Pfeil zeigt nach Jerusalem und weint
Die Wolken kehren mit uns zurück
Und wir setzen unsere schmerzvolle Reise fort.

37

Die Wolken fliegen mit uns
Wohin wir wünschen und wollen
Und führen uns zum nahen und entfernten Geliebten
Der Wind weht uns wohin wir nicht mögen
Und trägt uns von einer Turbulenz zur nächsten
Mit Blitz und Donner
Erneut ein schwerer Beschuss
Die Wolken fliegen weiter und der Märtyrer erwacht
Und setzt seine angstvolle Reise fort.

*Nay: arabische Flöte
*Nizar Qabbani: syrischer Dichter (1923 - 1998)

Unschuldige Fragen

Ihr werft die Kommas in meine Sätze
Verhindert die Kommunikation zwischen den
sensiblen Buchstaben
Was werdet ihr mir übrig lassen wenn meiner Sprache
das A genommen wird

Pflanzt ihr Dolche in meine Leber
Meine Brüder
Und ich bin eure Schulter

Zündest du Feuer in meinem Körper an
Zittern deine Hände Vater
Oder sind es die Wolken die bangen

Im Himmel erinnerte ich mich daran
Wie Frauen lebendig begraben wurden
Ich sah die Tränen des Engels fließen
Ich fragte warum bekämpfen mich meine Verwandten
Verlassen mich die Freunde
Und freuen die Fremden sich über mein Elend
Mein Echo antwortete: Weil du anders bist

Oh mein Gott ...
Ihre Kehlen hauchen den Tod in meine Lungen ein
Streuen die Stille auf meine Lippen
Oh mein Gott ...
Wann beenden ihre Gespenster die Jagd auf das
Alphabet in meiner Sprache

Ein Stern leuchtete in den Händen des Engels auf
Und sagte
Nur wenn du aufstehst.

Klarstellung

Rassismus ist ...
Wenn ich aus meinem Land deportiert werde ...
Wenn du mich auf einer Brücke aufhältst
Und mich hinderst einzutreten weil meine Haare
schwarz sind ...

Rassismus ist ...
Wenn du mich bestrafst weil mein Name Ahmed ist ...
Versuchst meine Kinder zu töten
Und wünschst sie wären nicht geboren ...

Und Rassismus ist ...
Wenn du mich beim Ruf: „Gott ist groß!" als deinen
Feind klassifizierst ...
Wenn du mit schweren Raketen Bethlehem beschießt
Wo das Christkind schläft ...

Zurück

Wenn Moses mit den Wolken zurückkäme
Und forderte nicht zu töten
Würde der Priester des mörderischen Staates ihn
beseitigen

Wenn Jesus mit dem Licht zurückkäme
Aufriefe zum Frieden zwischen den Menschen
Würde er diejenigen die ihn angeblich lieben erzürnen
Sie würden ihn wieder mit falschen Anschuldigungen
belasten und kreuzigen

Und wenn der letzte Prophet wiederkäme
Und wiederholte: Kein Zwang bei der Religion
Würde ein Gläubiger aus dem ignoranten Volk ihn
ermorden.

Heuchelei

Weil der Minister Minister ist
Hat er eine lammfromme Herde
Er hat dreißigtausend Freunde
Sie kleben an ihm wie die Wolken am Berg
Und wenn der Minister arbeitslos wird
Laufen alle davon
Wie die Tränen aus den Augen fallen.

Begräbnis

Warum klagen die Straßen

Warum tropfen die Kerzen und für wen sind die Rosen

Warum weinen die Frauen

Wessen Beerdigung ist das

Ich sagte: Vielleicht der Brotverkäufer

Er litt an Delirium ...

Am Gedränge des Ortes

Und unter dem Mehlpreis

Und die Rosenverkäuferin habe ich seit zwei Monaten

nicht gesehen

Sie litt an Krebs

Und ertrug nicht die Launen der Liebenden

Der Himmel lud sie in seinen Schoß ein

Um ihren Kummer zu lindern

Vielleicht hat er ihre Wunde mit Sternenmilch

balsamiert

Ich näherte mich ein wenig ... Ich fragte warum das

Trösten

Die Freunde tadelten mich

Vergisst du den Engel dort

Du hast die Reise in den Tod verpasst ...

Ich sagte: Schließt die Beerdigung nicht ab
Denn bei der Begegnung mit der Geliebten wurde der
Reisende von ihren Tränen aufgehalten

Ich bin noch nicht tot meine Brüder
In dem Herzen das ihr kennt
Gedeihen Liebe und Elend
Ich bin nicht gestorben
Also warum weinen ... warum weinen.

Auf dem Sterbelager

Umarme deinen Geliebten in Freude und Leid
Dein Herzschlag oh Mutter ist mir immer noch im Ohr

Verzeih mir meine Tränen haben dich zum Weinen
gebracht
Und tadele keinen Gefangenen der voll Sehnsucht ist

Auf dem Sterbelager ruht meine Erinnerung
Rieselt zu Boden als habe das Leben nicht
stattgefunden

Ich lebte in einem Zeitalter das nicht meines war
Die Seele angekettet gefangen im Würgegriff des
Körpers

Die Blumen welken wenn die Schmetterlinge
davonflattern
Und die Erde kleidet sich in ein Trauergewand

Der Krieg verjagt den Mond aus unseren Träumen
Und es herrscht Nacht und der Morgen der Liebe
zeigt sich nicht

46

Wäre ich ein Vogel so hätte ich einen Horizont
Und ein Regenbogen hätte mir aus Farben einen
Zweig geflochten

Ich suchte nach einem Grund um meinem Sarg zu
entfliehen
Ich fand keinen nur dich meine Heimat

Denn mein Herz ist voller Sorgen und brennt vor
Sehnsucht
Und meine Seele liebt sie im Geheimen und vor aller
Welt.

Lass mich frei

Ich trage die Liebe
Aber ich besitze sie nicht
Ich säe die Rosen in den Garten der Liebenden
Und dann gehe ich

Ich bin es
Der den vollen Mond in einer Liebesnacht zum
Himmel erhebt
Die Sterne in der Nacht malt
Ich bin ein Besucher ... pflanze die Rosen
Aber ich bin nicht der
Der sie aus den Gärten der Liebenden pflückt
... Dann reise ich

Ich bin es
Ein vorbeireisender Dichter im Echo meiner Sprache
Webe den Vers damit die Seide ihn trägt
Sammle die Perlen die aus den traurigen Augen fallen
Fädele sie zu einer Halskette auf
Um sie auf dem Lager der Geliebten zu vergessen
... Und dann ziehe ich weiter

Ich bin es

Ein Vogel meine Federn welken dahin

Wenn eine Hand sie berührt

Nimm mich nicht gefangen

Lass mich frei

Damit ich nicht in deinen Armen sterbe.

Lesen

Sie lernte lesen um mich erkennen zu können
Für sie war ich die Unschuld in den Deutungen

Zuweilen war ich für sie eine sprachliche Metapher
Und für alle Zeiten war ich ihr einzigartiges
Wörterbuch

Die Sehnsucht ist ein Feuer
Und in den Flammen ist Licht

Meere werden uns trennen
Damit Reime uns vereinen.

Hätte sie gelesen

Hätte sie in seinen Augen gelesen wäre sie
aufmerksam geworden
Auf das von Sehnsucht und Liebe entzündete
Alphabet

Aber ihre Träne bedeckte sein Gedicht
Und alles was Seele und Herz fühlten.

An meine Tochter

Es ist eine Pflicht in einer Kurve langsamer zu werden
Hinterher hilft der Seele tiefes Bedauern nicht mehr
Um anzukommen geh bis ans Ende der Welt
Wenn du eines Tages stolperst
Steh wieder auf meine Tochter
Wenn du einen Berg besteigst
Gib niemals auf
Denn die Entfernung bis zum Ziel widerspricht nicht
dessen Richtigkeit
Funkle wie ein Stern
Fliege hoch hinaus und begleite mich
Und vervollständige das „B" mit dem Hervorleuchten
des „A"*

*Vater auf Arabisch heißt: اب, ausgesprochen: „Ab"

In Erinnerung an meinen Neffen Hani

Wenn ich die Fähigkeit hätte es zu verändern
Oder die Kraft hätte es aufzuschieben

Ist es ein Schicksal und hat Gott es aufgezeichnet
Und als der Tod ihn besuchte sandte ihn Gott

Ich verstehe nicht wie die schlimme Zeit kam
Ich werde meine Frage nicht wiederholen oder
erläutern

Hani ... Träume wälzten sich von einem Berg
Oh grünes Herz Kind nach dem wir uns sehnen

Friede sei mit dir doch mein Herz hat einen Wunsch
Wäre Hani hier - wir hätten ihn verwöhnt.

Für Rim*

Der Ton verklingt das Echo bleibt
Und die Seele im Körper macht den Unterschied

Die singende Nachtigall hören wir
Rim singe du bist die Reinste

Die Wiesen sind durstig du bist ihr Bach
Er erhöht ihre Sehnsucht

Singe und höre nie auf
Aus der Reinheit deines Flusses wird unser Land
bewässert.

*Rim Banna (1966-2018): palästinensische Sängerin aus
Nazareth*

Du siehst traurig aus

Du siehst traurig aus
Deine Augen sind feucht
Und du bist verwirrt
Die Wolken rauben dir die Luft
Jetzt siehst du nichts als Schwärze
Deine Hände sind mit den Dornen des Pessimismus
gefesselt
Und die Ohnmacht verschleiert den Himmel

Mein Freund beruhige dich doch
Wenn du dein Herz in Liebe wäschst
Wird der Frühling kommen
Und den Kummer des Winters abwaschen.

Oh Meer

Oh Meer oh du mächtiges
Oh Meer oh du ketzerisches

Hörst du das Stöhnen
Aus Trauer um die Toten

Oh Meer oh du mächtiges
Oh Hüter der Geheimnisse
Verschlinger der Kinder
Entführer der Erwachsenen

Erbarmen mit den Kindern
Erbarmen mit den Erwachsenen

Sie flohen aus dem Feuer
Sie flohen vor der Zerstörung
Du standest im Weg
Du warst wie eine Mauer

Erbarmen mit den Kindern
Erbarmen mit den Erwachsenen

Du warst zur Stelle

Um die Jugendlichen zu verschlingen

Die Frauen zu quälen

Die Mädchen zu versenken

Oh Meer oh du mächtiges

Oh Meer oh du rauschendes

Hörst du das Stöhnen

Aus Trauer um die Toten

Hörst du das Stöhnen

Aus Trauer um die Toten.

Suche

Ich bin der unschuldige Vogel
Suche nach einem Zweig
Um meine Träume und meinen Schmerz darauf zu
legen
Damit er mich wiegt
Sich nach mir sehnt wenn ich auf Reisen bin
Und er die Wärme der Heimat in sich birgt

Ich bin die kühne Welle
Wandere von einem Meer zum anderen
Verschlinge die Erde
Aus meinen Kleidern tropfen Gedichte und Sehnsucht
Ich suche meine Ufer
Meine Hochzeit am Ende dieser Welt
Dann finde ich die Liebe neben meiner Hand

Ich bin der leuchtende Mond
Ich bin das magische Spiegelbild in deinen Augen
Und das Herz das dich für immer liebt.

Osterlicht

Das Licht Christi erhellt jeden Tag
Es spült die Trauer des Landes des Verwundeten weg

In Palästina sterben Märtyrer nicht
Sie wachen über jedem Mausoleum

Die Freude des Festes fehlt in meinem Gedicht
Oh mein Land Geduld um zur Ruhe zu kommen

Jedes Jahr möge es meinen Freunden gut gehen
In Palästina der Wiege Jesu Christi.

Zu meinem Sechzigsten

Zwischen Rauheit und Milde des Regens
Zieht mein Leben in einem Augenblick vorbei

Wie eine sanfte Brise kommt es
Manch ein Jahr ist härter als Stein

Sechzig Jahre
Und du bist ein Anfänger
Bis die Zeit das Ende bringt

Ist der Tod eine Waage
Gleicht aus was das Leben den Menschen antut

Verrate mich nicht
Brich nicht meine Feder
Und vergib ihr wenn ihre Tränen strömen

Wo ist mein Himmel
Wer bin ich
Nur eine Wolke im Spiel des Schicksals

Die Blüte meines Herzens erhellt mir die Wege
Meine Dichtung ist eine Art Verreisen

Ich bin Palästina
In meiner Hand eine Fahne
Flattert heftig ist unzerstörbar

Ich ströme wie der Fluss
Das Meer erfüllt mich
Und die Güte meine Spur auf den Ufern

Ich schlendere dahin und die Freunde begleiten mich
Unsere duftenden Geschichten zu den Blüten

Und wo wir hingehen
Lächelt auf der Erde ein Gedicht
Wie der Rhythmus die Saite anlächelt

Der Puls des Lebens ist immer noch hoch
Oh Herz ströme über vor Lyrik und fließe

Sei überraschend unermüdlich und großzügig mit
dem Neuen
Deine Anwesenheit sei flüchtig wie Parfüm.

INHALT

Über den Autor

Lyriker, Songtexter, Übersetzer und Herausgeber

Khaled Shomali, geboren 1958 bei Bethlehem in Palästina. Er studierte Bauingenieurwesen an der RWTH Aachen und lebt seit 2000 in Brühl.

<u>Publikationen auf Deutsch:</u>

Der Vers, in dem ich wohne

Die Wolken fliegen nach Jerusalem

Schmetterlinge der Poesie

Zwischen Jordan und Rhein

Die Katze und der Maler - Kindergeschichte

<u>Publikationen auf Arabisch:</u>

Für wen pflanzt du die Rosen

Gefangen im Rauch der Worte

Der Nektar der Worte

Eng ist dein Exil

Ich will keine Exilgedichte

Schaukel der Freude - Gedichte für Kinder

Fluss und Ufer

Über sein literarisches Schaffen wurden zahlreiche literaturkritische Studien veröffentlicht, zuletzt im März 2019 in Marokko von dem Literaturkritiker Dr. Mostapha Chaoui. Titel des Buches: Die Ästhetik der Fantasie in den Gedichten von Khaled Shomali (bisher nur auf Arabisch erhältlich).

Mehr über den Autor unter http://www.khaledshomali.org